Commentaire

Par Nicolas Cantonnet

Criton

Platon

lePetitPhilosophe.fr

PLATON

PHILOSOPHE GREC À L'ORIGINE DE LA THÉORIE DES IDÉES

- **Né vers 427 av. J.-C. à Athènes**
- **Décédé vers 347 av. J.-C. dans la même ville**
- **Quelques-uns de ses dialogues :**
  - *Apologie de Socrate*
  - *La République*
  - *Le Banquet*

Fils d'une famille noble athénienne, Platon est le principal disciple de Socrate, son mentor, qu'il a rencontré à l'âge de vingt ans. Il a ensuite fondé sa propre école philosophique, **l'Académie**, et est notamment à l'origine de **la théorie des Idées** : le monde sensible n'est pour lui que la pâle copie du monde intelligible (ou monde des Idées), éternel, immuable et accessible seulement par la pensée. Son œuvre, prolifique (environ trente-cinq dialogues), se divise traditionnellement en trois périodes. On trouve ainsi les **dialogues de jeunesse** (dont l'*Apologie de Socrate*, le *Criton* et le *Phédon* font partie), qui exposent avant tout les idées et la méthode socratique. Les **dialogues de maturité** mettent également en scène Socrate, à la différence qu'à présent, celui-ci se fait le porte-parole de la pensée de Platon (*Phèdre*, *Théétète* et *La République*, entre autres). Enfin, les **dialogues de vieillesse** (*Lois*, *Timée*, *Philèbe*, etc.) ne font apparaitre Socrate qu'au second plan.

CRITON

L'AMOUR DE LA JUSTICE

Platon a écrit *Criton* **vers 390 av. J.-C.** Ce dialogue **se déroule en prison**, environ un mois après le procès de son maitre à penser, narré dans l'*Apologie de Socrate*. Dans le *Criton*, l'ami éponyme de Socrate lui explique qu'il s'est arrangé avec le geôlier et qu'**une évasion est possible**. Socrate, par amour de la justice et par souci d'une attitude cohérente (car il s'était montré insolent devant les juges) refuse.

MISE EN CONTEXTE

Un homme d'honneur

Socrate (470-399 av. J.-C.) est devenu, sans rien avoir écrit de son existence, le « **totem de la philosophie** », selon l'expression de Jacques Brunschwig (historien de la philosophie, 1929-2010). Fils d'un tailleur de pierres et d'une sagefemme, on dit que la profession de sa mère lui inspira **« l'art d'accoucher les esprits »**. À ses yeux, l'apparence ne constitue pas l'essentiel : la vraie richesse et **la vraie beauté sont intérieures**. Il a toute sa vie accordé une **place primordiale à la justice, défiant à deux reprises la mort** :

- la première fois, Socrate faisait partie du tribunal de la Prytanie : alors qu'il était président du bureau, **il refusa de faire appliquer une loi non conforme à la loi athénienne** – juger tous les généraux en même temps, au lieu de les juger un par un – malgré les protestations et les menaces ;
- ensuite, pendant la tyrannie des Trente, alors que ces derniers procédaient à de nombreux massacres, **Socrate refusa de participer à l'arrestation de Léon le Salaminien** comme les Trente en avaient donné l'ordre : il préféra défier une nouvelle fois la mort plutôt que commettre une injustice. Socrate affirme dans l'*Apologie de Socrate* qu'il l'aurait peut-être payé de sa vie si ce gouvernement n'avait pas été renversé peu après.

Le dialogue socratique

Tous les jours, Socrate se promenait dans l'agora, la place publique d'Athènes, et **interrogeait les passants sur des questions fondamentales** telles que « Qu'est-ce que la vertu ? », comme c'est le cas dans le *Ménon*. L'interlocuteur procédait souvent à un inventaire sans réellement répondre à la question : par exemple, il se contentait d'énumérer les différents types de vertus, sans chercher ce qui leur était commun, c'est-à-dire ce qui constituait leur essence. Au départ sûr de lui, l'interlocuteur prenait peu à peu conscience que ses convictions étaient sans fondement, d'autant que Socrate, en lui posant des questions en apparence anodines, parvenait à déceler les failles de ses raisonnements.

Il s'agit là de ce que l'on nomme le « **dialogue socratique** », qui était principalement **fondé sur le questionnement** et non sur un enseignement à proprement parler. Les questions de Socrate aboutissaient à la **prise de conscience de l'ignorance**, ce qui était selon lui nécessaire pour dépasser l'auto-satisfaction stérile et **pour pouvoir accéder à la vérité**. En cela, Socrate s'opposait aux sophistes : ceux-ci prétendaient tout connaitre, ou du moins tout démontrer, sans se soucier de la vérité. Socrate, lui, affirmait ne rien savoir. Lorsque son ami d'enfance Chéréphon a un jour consulté la Pythie, prêtresse chargée de rendre les oracles du dieu Apollon, et demandé s'il y avait plus savant que Socrate, la Pythie a répondu que personne ne l'était : **la supériorité de Socrate résidait dans le fait qu'il savait qu'il ne savait rien**, tandis que les sophistes et les autres interlocuteurs ne savaient pas qu'ils ne savaient rien. Mais cette supériorité en agaçait certains : en sortant les citoyens d'Athènes du confort de leurs certitudes et en ayant toujours le dernier mot face à « ceux qui savent tout », Socrate a fini par se faire des ennemis. Lorsque le contexte politique a commencé à se détériorer, Athènes a eu besoin d'un bouc émissaire : c'est sans surprise que Socrate fut accusé et dut se présenter devant les juges. C'est l'objet de l'*Apologie de Socrate* de Platon.

L'APOLOGIE DE SOCRATE

L'*Apologie de Socrate*, écrite par Platon entre 392 et 387 av. J.-C., retrace **le procès et la condamnation à mort de Socrate** par le tribunal d'Athènes. Le philosophe est **accusé par trois citoyens** (Lycon, Mélétos et Anytos) :

- **de ne pas croire en les divinités que la cité reconnait ;**
- **d'introduire de nouvelles divinités ;**
- **et de corrompre la jeunesse.**

Socrate prend la parole et précise d'abord que c'est la première fois – alors qu'il a soixante-dix ans – qu'il comparait devant un tribunal. **Il s'adresse en particulier à Mélétos et il lui suffit de quelques questions pour relever les contradictions de son accusation** : Mélétos reproche à Socrate de croire en des divinités que ne reconnait pas la cité athénienne, puis il l'accuse ensuite de ne reconnaitre aucun dieu.

Socrate parle ensuite de l'oracle de la Pythie, selon lequel le citoyen le plus savant n'est autre que lui, avant d'**exposer sa philosophie** :

> Ma seule affaire est d'aller et de venir pour vous persuader, jeunes et vieux, de n'avoir point pour votre corps et pour votre fortune de souci supérieur ou égal à celui que vous devez avoir concernant la façon de rendre votre âme la meilleure possible, et de vous dire : « Ce n'est pas des richesses que vient la vertu, mais c'est de la vertu que viennent les richesses et tous les autres biens. » (*Apologie de Socrate*, 30a-30b, p. 109)

Il se compare à « un taon au flanc d'un cheval [...] qui aurait besoin d'être réveillé par l'insecte » (*Apologie de Socrate*, 30a-30b), affirme être au service du dieu (« Le dieu m'a assigné pour tâche [...] de vivre en philosophant, c'est-à-dire en soumettant moi-même et les autres à examen », *Apologie de Socrate*, 28 b, p. 106-107) et se perçoit comme un « cadeau » que ce dieu a fait aux citoyens. Raison pour laquelle il dit ne pas pouvoir renoncer à philosopher.

Il préfère ainsi la mort à une vie qu'il ne serait pas libre de mener comme il l'entend. Il précise d'ailleurs qu'il a par le passé défié la mort à deux reprises, le plus important étant pour lui la justice :

Ce n'est pas parler comme il faut que d'imaginer comme tu le fais, qu'un homme qui vaut quelque chose, si peu que ce soit, doive, lorsqu'il pose une action, mettre dans la balance ses chances de vie ou de mort, au lieu de se demander seulement si l'action qu'il pose est juste ou injuste, s'il se conduit comme un homme de bien ou comme un méchant. (*Apologie de Socrate*, 28 b, p. 105-106)

Il affirme ne pas avoir peur de la mort : celle-ci revient selon lui soit à un sommeil soit à un voyage au royaume des morts. Une situation profitable dans les deux cas, car « aucun mal ne peut toucher un homme de bien, ni pendant sa vie, ni après sa mort » (*Apologie de Socrate*, 41c-41d, p. 126). Il choisit également la mort, car son « démon intérieur », par lequel le dieu s'adresse à lui et qui l'empêche d'accomplir certaines actions, ne s'est pas manifesté avant qu'il entre au tribunal. Il ajoute ne pas craindre la mort en raison de son âge déjà avancé.

Il choisit de ne faire monter aucun de ses proches pour assurer sa défense et, **lorsque sa condamnation à mort est votée à la majorité, il dit qu'il s'attendait aux résultats**, en s'étonnant toutefois que l'écart (trente voix) ne soit pas plus important. **Une peine de substitution est envisa-**

geable, mais il ne la demande pas : il affirme au contraire mériter un bon traitement, convaincu de n'être coupable envers personne. D'autant que **l'exil serait pour lui absurde** : il continuerait ailleurs, puisqu'« il [lui] serait impossible de [se] tenir tranquille », car « ce serait là désobéir au dieu » (*Apologie de Socrate*, 38a, p. 121). Il a la possibilité de verser une amende et propose avec insolence de payer une mine (somme dérisoire), c'est-à-dire toute sa fortune. **Les juges, irrités par son attitude provocante, votent à nouveau la peine capitale, cette fois-ci en nombre plus conséquent.** Socrate prévient alors les juges : « Vous allez acquérir, auprès de ceux qui souhaitent jeter l'opprobre sur votre cité, la réputation et la responsabilité d'avoir décidé par votre vote la condamnation à mort de Socrate, un homme renommé pour son savoir. » (*Apologie de Socrate*, 38c, p. 121)

Socrate sort grandi de ce procès :

- il a pris le temps de **ridiculiser Mélétos** en le plaçant face à ses contradictions ;
- il **ne s'est jamais rabaissé** en usant de flagornerie ou en tentant d'apitoyer les juges – au contraire, il a même frôlé l'insolence – ;
- il est **resté fidèle à ses principes**. Comme il le dit lui-même : « Ce qui m'a perdu, ce n'est pas mon incapacité à prononcer des discours, mais bien mon incapacité [à dire] le genre de choses que vous êtes habitués à entendre de la bouche des autres accusés. » (*Apologie de Socrate*, 38d-38e).

EXPLICATION ET ANALYSE DU TEXTE

L'ARGUMENTATION DE *CRITON*

Criton est un dialogue qui se déroule **une trentaine de jours après le procès de Socrate**. Criton, l'ami de Socrate, qui était déjà présent au tribunal, rend visite au condamné, qui est en train de dormir. Étonné que son sommeil soit si paisible, Criton n'ose l'en extirper. Lorsque Socrate se réveille, Criton lui annonce que le bateau de Délos va arriver le jour même, ce qui signifie par conséquent qu'il mourra le lendemain. Socrate répond au contraire que le bateau arrivera le lendemain, conformément au songe qu'il vient d'avoir. Ce passage peut sembler anodin, mais il met en évidence la **place conséquente de la divinité dans la vie de Socrate**. Dans l'*Apologie de Socrate*, celui-ci expliquait en effet que dieu communiquait avec lui par l'intermédiaire de ses songes. Autre aspect intéressant : le fait que la femme de son rêve, qui lui annonce qu'il va mourir d'ici deux jours, soit « belle et gracieuse » rend la mort accueillante et laisse déjà présager la décision de Socrate de ne pas s'évader.

Criton explique à Socrate qu'il s'est arrangé avec **le geôlier** : celui-ci peut **organiser son évasion en échange d'une somme d'argent**. Bien que cet exil le priverait « d'un ami tel que jamais il n'en trouverait de pareil », Criton développe pour le convaincre toute une **argumentation** :

- « Beaucoup de gens qui nous connaissent mal, toi et moi, estimeront que j'aurais pu te sauver si j'avais consenti à payer ce qu'il fallait et que j'ai négligé de le faire. » (44b-44c, p. 206) Autrement dit, Criton craint le regard des autres. Ces derniers penseront, selon lui, que si Socrate ne s'évade pas, ce sera simplement parce que Criton n'aura pas tout tenté pour le faire évader. Or Criton ne veut pas passer aux yeux de la foule pour un ami infidèle et ingrat ;

- partout où Socrate se rendra à l'étranger, notamment chez les hôtes de Criton en Thessalie, il lui sera fait bon accueil (45b-45c, p. 208) ;
- le fait de ne pas s'évader n'est pas conforme à la justice, car Socrate se trahirait lui-même en plus de trahir ses propres enfants en les abandonnant (45c, p. 208). En effet, cette attitude consisterait à aller dans le même sens que ceux qui veulent sa mort. Criton reproche ainsi à Socrate de « mettre en œuvre contre [lui-même] ce que souhaitaient tant réaliser et ce qu'ont tant souhaité réaliser ceux qui sont décidés à [le] perdre » ;
- cette conduite (celle de Socrate comme celle de Criton) risque d'être tenue pour indigne et déshonorante (46a, p. 209).

L'OPINION DES GENS

Socrate répond qu'il ne faut point se soucier de l'opinion des gens. **Il vaut mieux faire confiance à une seule et unique personne, spécialisée dans le domaine dont il est question, plutôt qu'au plus grand nombre**. Ainsi, dit-il, « nous devons prendre en considération non pas ce que diront les gens, mais ce que dira celui qui s'y connaît en fait de justice et d'injustice, lui qui est la justice et la vérité elle-même » (48a, p. 214). Il ne faut donc en aucun cas, comme Criton le fait, se laisser influencer par l'opinion publique. Mais **il reste cependant une ambigüité concernant l'identité de cet expert en morale et en justice, puisqu'il n'est pas explicitement désigné**. On aurait du mal à conclure qu'il s'agit de Socrate lui-même, puisque celui-ci affirme ne rien savoir. **Il s'agit plus vraisemblablement des Lois**, que Socrate fait intervenir plus loin dans le dialogue.

Celui-ci revient ensuite aux arguments donnés par Criton : « J'ai bien peur en vérité, Criton, que ce soient là des considérations qui ne sont bonnes que pour ceux qui, à la légère, condamnent des gens à mort et qui les feraient revenir à la vie, s'ils en étaient capables, le tout sans aucune réflexion, je veux parler du grand nombre. » (48c, p. 215) **Socrate assimile donc Criton au grand nombre**. Il est d'ailleurs à noter que durant tout le dialogue, **l'échange entre Socrate et Criton revient à une opposition entre la raison et l'opinion**, entre le caractère posé et réfléchi de Socrate et l'aspect nerveux et plus superficiel de Criton. On note également la remarque de Socrate qui, lorsqu'il critique l'attitude des juges, eux aussi comparés au « grand nombre », affirme qu'ils l'ont condamné « sans aucune réflexion ».

Socrate assimile ensuite le bien et la justice. Son amour de la justice, on l'a vu, apparaissait déjà dans l'*Apologie de Socrate*. Pour le philosophe, **il ne faut jamais commettre l'injustice de son plein gré** : « Commettre l'injustice est, en toutes circonstances, chose mauvaise et blâmable pour celui qui [la] commet. » (49 b, p. 217) Il ne faut donc **pas répondre à l'injustice par l'injustice**, « comme se l'imaginent les gens », **ni faire de tort à qui que ce soit**. Socrate s'oppose une nouvelle fois à l'opinion publique : « Je sais bien, en effet, que fort peu de gens partagent cette opinion, et qu'il continuera d'en être ainsi. » (49 d, p. 218)

Pour déterminer si l'évasion est juste, de même que pour répondre aux autres arguments de Criton, Socrate choisit de faire intervenir les Lois.

L'INTERVENTION DES LOIS

L'importance de la citoyenneté

Socrate pense que les Lois, si elles apprenaient qu'il compte s'évader, diraient que **ne pas leur obéir reviendrait à « tramer [leur] perte à [elles] et l'État »** (50a-50b, p. 219). Les Lois lui reprocheraient en outre un manque de gratitude, puisque **c'est en premier lieu aux Lois que Socrate doit sa naissance** : ce sont elles qui ont marié son père et sa mère, et qui leur ont permis de l'engendrer. Ce sont également les Lois qui **l'ont élevé et éduqué**.

Les Lois continuent leur argumentation : il faut, dans le cas de Socrate, d'autant plus obéir aux Lois de la cité qu'**il n'a jamais quitté Athènes**, à de (très) rares exceptions près. Or rester dans la cité est une manière implicite de donner son accord aux Lois. Socrate se reconnait ainsi comme ayant un **engagement envers la cité** encore plus important que les autres Athéniens.

Les Lois mettent ensuite l'accent sur le **devoir de se sou-mettre à la patrie, plus encore qu'à ses parents**. La patrie « est chose plus honorable, plus vénérable, plus digne d'une sainte crainte et placée à un rang plus élevé » (51a, p. 221) qu'une mère, qu'un père et que la totalité des ancêtres. « Il faut donc vénérer sa patrie, lui obéir et lui donner des marques de soumission plus qu'à un père, en l'amenant à changer d'idée ou en faisant ce qu'elle ordonne » (51 b, p. 221), explique Socrate. Or, nous l'avons vu dans l'Apologie, le philosophe n'a pas réellement cherché à éviter la peine capitale, puisqu'il a adopté une attitude provocante et impertinente. Nous pouvons par ailleurs constater au vu du vocabulaire employé dans ces passages que **les Lois et la patrie** – que Socrate assimile ici – **ont un caractère quasi religieux** (« sainte », « vénérer »).

Bref, ne pas obéir aux Lois serait se rendre coupable à trois titres : « Parce qu'il se révolte contre nous qui l'avons mis au monde, parce que nous l'avons élevé, et enfin, parce que, ayant convenu de nous obéir, il ne nous obéit pas sans même chercher à nous faire changer d'avis, s'il arrive que nous ne nous conduisions pas comme il faut. » (51e, p. 223)

La cohérence

Les Lois lui reprocheraient également de **ne pas adopter une attitude cohérente**. Socrate avait en effet choisi au tribunal de **refuser l'exil**. S'il décidait de changer d'avis et de finalement s'évader, les Lois lui diraient : « Tu te donnais le beau rôle de celui qui affronte la mort sans en concevoir aucune irritation, et tu déclarais préférer la mort à l'exil, tandis qu'aujourd'hui, sans rougir de ces propos et sans montrer aucune considération pour nous, les Lois, tu projettes de nous détruire, en entreprenant de faire ce que précisément ferait l'esclave le plus vil. » (52c-52d, p. 224)

C'est donc par cohérence envers lui-même que Socrate doit refuser de s'évader.

L'intérêt de Socrate

Les Lois montrent ensuite l'intérêt que trouveraient Socrate et ses proches à ce qu'il ne s'évade pas :

- en quittant la cité, **Socrate deviendrait la risée de tous** ;
- il **ferait du tort à ses amis**, puisque ces derniers courraient le risque d'être exilés, d'être privés de leur droit de cité ou de perdre leurs biens ;
- en outre, les habitants des cités qui ont des lois justes, comme Thèbes ou Mégare, considèreraient Socrate avec suspicion, le percevraient comme un corrupteur de lois, ce qui **donnerait raison aux juges qui l'ont condamné** (puisque, selon le raisonnement des Lois, un corrupteur de lois a de fortes chances d'être perçu comme un corrupteur de jeunes gens, dont Socrate a été accusé) ;
- **le choix d'aller en Thessalie** chez les hôtes de Criton **ne serait pas vraiment plus pertinent** puisqu'il s'agit de l'endroit où « le dérèglement et le désordre sont à leur comble » (53d, p. 226) ;
- en ce qui concerne **ses enfants**, les Lois répliquent que s'il les emmenait avec lui dans une autre cité, **il en ferait des étrangers**. S'il ne les emmenait pas, ce serait ses amis qui s'en occuperaient : le résultat serait alors le même que s'il partait « dans l'Hadès » (le royaume des morts).

Ainsi résument les Lois :

> En l'état actuel des choses si tu t'en vas, tu t'en iras

> condamné injustement, non pas par nous, les Lois, mais par les hommes, tandis que, si tu t'évades en répondant de façon aussi répréhensible à l'injustice par l'injustice et au mal par le mal, en transgressant les engagements et les contrats que tu avais toi-même pris envers nous, et en faisant du tort à ceux à qui tu dois le moins en faire, à toi-même, à tes amis, à ta cité et à nous, tu susciteras contre toi notre courroux durant cette vie, et là-bas, les lois en vigueur dans l'Hadès et qui sont nos sœurs, ne te feront pas bon accueil, en apprenant que, pour ta part, tu as entrepris de nous détruire nous aussi. (54b-54c, p. 227)

Ce passage est important car, en plus de reprendre les points évoqués précédemment pour confirmer que l'évasion serait injuste, il établit une distinction entre les Lois et les hommes : **ce ne sont pas les Lois qui sont injustes, mais l'application que les hommes en font**. Cet extrait dresse également un **parallèle entre le procès auquel Socrate vient de participer et celui qui l'attend dans l'Hadès**. Dans l'*Apologie de Socrate*, ce dernier avait déjà évoqué le « jugement dernier » (« en arrivant chez Hadès, on se trouve débarrassé de ces gens qui prétendent être des juges, et [...] on y trouve des juges qui sont réellement des juges », *Apologie de Socrate*, 40e-41a, p. 225). C'est donc encore une fois dans son propre intérêt que Socrate ne doit pas désobéir aux Lois, d'autant que, en continuant à consacrer sa vie à la justice, il sait qu'il sera plus justement jugé dans l'Hadès qu'à Athènes.

On remarquera enfin que le dialogue se termine sur une ré-férence à la divinité (« Faisons comme je dis, puisque c'est de ce côté-là que nous conduit le dieu »), ce qui montre encore une fois l'importance de celle-ci dans l'existence de Socrate.

CONCLUSION

Criton est donc, dans la continuité de l'*Apologie de Socrate*, un dialogue dans lequel **Socrate prouve que sa philosophie ne repose pas seulement sur des « paroles en l'air »** (46d, p. 210). Dans les deux œuvres, le philosophe, mis à l'épreuve au tribunal puis en prison, **met en application trois points fondamentaux de sa pensée :**

- **son amour de la justice,**
- **son amour de la citoyenneté**
- **et l'idée selon laquelle la mort n'est pas à craindre.**

Sur ce dernier point, le *Phédon*, sorte de suite du *Criton*, est encore plus éloquent, puisqu'il restitue les derniers moments de Socrate. Celui-ci se montre remarquable de sérénité, qu'il s'agisse du moment où il traite de sa conception de la mort (comme libération de l'âme qui est immortelle) ou plus encore de celui où il boit la cigüe.

BON À SAVOIR

Beaucoup de commentateurs ont dressé **un parallèle entre Socrate et Jésus :**

- aucun d'eux n'a laissé de traces écrites ;
- ils étaient tous deux experts dans le domaine du dialogue ;
- ils ne laissaient personne indifférent ;
- ils étaient tous deux envoyés d'un dieu, avaient un message à faire passer et une mission à accomplir ;

- cette mission leur couta la vie ;
- tous deux auraient pu être graciés et avoir la vie sauve, mais ont préféré aller au bout de leur mission ;
- ils affrontèrent la mort avec une sérénité et une dignité exemplaires ;
- ils sont si importants qu'il y a eu un avant et un après Jésus-Christ (notre calendrier se base sur le Christ), et un avant et un après Socrate : les philosophes qui ont vécu avant lui sont qualifiés de « présocratiques » et ceux qui ont vécu après lui sont appelés les « grands socratiques » (Platon, Aristote) et les « petits socratiques » (entre autres les cyrénaïques et les cyniques) ;
- la conception de la justice (ne jamais répondre à l'injustice par l'injustice, ni au mal par le mal, et le principe selon lequel subir l'injustice est préférable au fait de la commettre) rappelle l'idée de Jésus selon laquelle il faut « tendre l'autre joue » ;
- le tribunal de l'Hadès tel que le décrit Socrate dans le *Criton* rappelle quant à lui le Jugement dernier.

POUR ALLER PLUS LOIN

- GOTTLIEB (Anthony), *Socrate*, Paris, Seuil, 2000.
- DE CRESCENZO (Luciano), *Les Grands Philosophes de la Grèce antique*, Paris, Le Livre de Poche, 2001.
- PLATON, *Apologie de Socrate, Criton*, traduction de Luc Brisson, Paris, GF-Flammarion, 1997.

Rendez-vous sur lepetitphilosophe.fr et découvrez :

Plus de 1200 analyses
Claires et synthétiques
Téléchargeables en 30 secondes
À imprimer chez soi

www.lepetitphilosophe.fr

ISBN version numérique : 978-2-8062-4578-6
ISBN version papier : 978-2-8080-0107-6
Dépôt légal : D/2017/12603/491

Conception numérique : Primento,
le partenaire numérique des éditeurs.